별이
된
소원들

별이 된 소원들

김상근 감성시집

생각나눔

목차

소리 등대   8

마름꽃(약속)   11

들 꽃   13

3월에 부는 바람   14

4월에 부는 바람   17

6월에 부는 바람   18

10월에 부는 바람   20

빈자리   22

밤바다(고무줄놀이)   25

봄을 기다리는 두륜산   26

빈 배낭   28

하곳길   31

봉림 보건소   32

김장하는 날   35

토방 위 외로움   36

스틱 커피(회의)   38

시골교회의 크리스마스 풍경   41

삭정이(어미)   42

당신이 내게 준 것은   44

가을 하늘 아래   46

여름이 오면   49

별이 된 소원들   50

우시장 가는 황소   52

산 행   55

밤톨 사랑   56

그 후 백일   58

뒷모습   61

꽃잎 위에   62

봄의 소리   65

사랑이란   66

염전노예   69

해지는 이양역   70

미술 시간   72

머물고 싶은 시간   75

일기장   76

어부의 자식 사랑   79

오 월   80

닻   82

고 통   85

끝 물   86

가을여행   88

여 행   90

떠나버린 사람들   92

빈 그물   94

시 계   96

삶의 길 1   98

삶의 길 2   101

삶의 길 3   103

창문 틈에 비친 여행   104

가을 산행   107

늦 잠   108

일어라 게 일어라 게   111

볕을 찾아가는 노인   112

하 객(賀客)   114

주인 없는 열쇠   116

미황사   118

항상 가던 길이라도   120

추운 날에 · · · · · · · · · · · · · · · · · · 122

무싯날 씨앗 가게 · · · · · · · · · · 124

사랑이란 · · · · · · · · · · · · · · · · · · 127

그리움 · 128

연인들(빛 축제) · · · · · · · · · · · · 130

물리치료사 1 · · · · · · · · · · · · · · 132

물리치료사 2 · · · · · · · · · · · · · · 134

겨울 공사 · · · · · · · · · · · · · · · · · 137

설 빔 · 138

우리 잊고 살아요 · · · · · · · · · · 140

천태산(비자나무) · · · · · · · · · · 143

밤에 피어난 벚꽃 · · · · · · · · · · 144

복사꽃 · 147

친 구 · 148

소 음 · 150

산 벚 · 152

밭매우 길 · · · · · · · · · · · · · · · · · 155

소리 등대

덩달아 연신 밀려오는 파도 끝자락에
어둠을 달고 내달린다.
찰싹찰싹 들러붙는 소리에
길게 늘어뜨려진 거미줄 출렁이고
어둠에 희미해져 가는 거미줄 그물은
간물에 쓸려온 파도소리마저 들러붙는다.

어둑어둑 파도에 떠밀려가는 석양을 바라보며
바다를 한눈에 감아버린 커다란 눈망울 핏대를 세우고
울부짖는 황소 울음소리는
작은 갯마을 소리 등대가 되어
멀리 고기잡이 나간 주인의 발걸음소리를
가슴 조이며 펑펑 울어댄다.

신안 임자도

🦋 마름꽃

마름꽃(약속)

피어 있어도 찾을 수 없구나.
먼 발찌기 바라보면
항상 피어 있을 것 같은데

보이지가 않구나.
새끼손가락 손톱에 피어있는 하얀 꽃처럼
항상 피어 있을 것 같은데

가까이 다가서서 들여다보아도
보이지 않구나.
보고 싶어
긴 강둑 풀숲 헤집으면
내 그림자
물 위 그려지고
벌레 먹어 온전하지 못한 작은 잎들
가득 떠 비친다.

내 작은 마름꽃
온전히 피어나는 네 모습을 보고 싶구나.
오랜 약속 숨겨져 피어나는 하얀 마름꽃은
새끼손가락에 피어나는 하얀 약속이구나.

엉겅퀴

들 꽃

한 송이 꽃이여
들꽃이여
들꽃이 피어 있어라.
곱지도 아니하여
숨어 피어있는 들꽃이여

거친 땅 위
위태롭게 피어있는 들꽃이여

바람결에 몸짓하며
반가워 활짝 웃어만 주는 들꽃이여
내 숨결 가까이하면 수줍다 고개 떨궈
사르륵 녹아 사라져 버리는 들꽃이여

만지지 못하여라.
다가서지 못하여라.
꽃잎은 부는 바람에 시간을 알아버리고
날 기다려주지 않고 어디론가 숨어버린다.

3월에 부는 바람

3월에 부는 바람
들녘 바람
어머니 애타게 부르는 바람 소리
장대 끝 나풀거리는 끄나풀은 부는 바람에 부지럼을 떤다.

어머니
날 부르고 있다고
들녘 바람에 해 먹은 억새꽃대도
어서 서두르라 날 보고 손짓을 한다.

아야!
아야!
어서어서
서두르라 한다.

별꽃

4월에 부는 바람

노란 꽃잎 바람
내 가슴 아려오고
한없이 바람에 밀려오는
슬픈 파도

밀려오는 파도소리
"사랑해"
"사랑해"
밀려가는 파도소리
"언제 와"
"언제 와"

엉~엉~
찢겨져 소리치는 파도소리

흐느끼는 저 소리들
시퍼렇게 피멍 물들어가는 파도소리

6월에 부는 바람

환생 바람
긴 풀숲 내 살갗이 시려 와도
널 찾아가는 날이면
항상 즐거워했었지.
항상 반겨 안아주는
노오란 꽃나비였지.

달빛 아래 웃고 있는 널 바라보면
무척이나 행복했지.
잠시 내게 준 아픔을 딛고
널 만지작만지작 거렸지.

밤새 찬 이슬에 움츠리고
행여 바람에 사랑 한 장 잃어 슬픔에 이슬져 있는지
이젠 내게 준 사랑 돌려주네.

날 찾을 수 있게 해 준
널 잊지 않는다고

노오란 꽃나비 달맞이
달빛 아래 항상 피어 있다고

환생

10월에 부는 바람

인내 바람
누런 들녘
한 톨 한 톨
그것은 농부의 뜨거운 핏방울이었다.

내 아버지의
핏방울이 방울방울 맺혀
부는 바람에 사그락 싸그락 소리를 내어준다.

볕이 좋은 날

🍃 손수레

그렇게
바람은 열두 달 쉼 없이 불어오고
바람은
항상 그곳으로 가고 싶다
안달하며 미쳐간다.

빈자리

구름아!
떠도는 널 보고 살았는데

구름아!
널 그리며 살았는데

구름아!
떠나는 네 모습 보고 있었는데

구름아!
불어, 불어 떠나보내고

구름아!
힘없이 떨군 고개
내 모습 감추었는데.

🌿 꽃 양귀비

밤배

밤바다(고무줄놀이)

잔잔한 밤바다
출렁이는 밤바다 물결 위에 긴 고무줄
끝없는 고무줄놀이 이어간다.

밤새
잔잔한 파도는
장난감 기차가 되어 떠나가도 또다시 돌아온다.

출렁이는 밤바다 물결 위에
일곱 색깔 무지개
물결치는 고무줄놀이

밤새
신데렐라 유리 구두 떠돌아다닌다.

밤새
파도는 고무줄놀이를 하자 하니
팔뚝만 한 숭어들 풍덩풍덩 줄지어 고무줄놀이 이어간다.

봄을 기다리는 두륜산

살얼음 속살 깊은 곳엔
흙 한 줌 봄을 품고
눈 덮인 동백 깊은 곳엔
푸른 잎새 꽃망울 품에 있다.

두륜은
그렇게 거대한 남해 바다 봄을 품는다.

아름드리 잎에 맺혀 떨어지는 새벽 방울
발밑 저 아래 골짜기에서
들려오는 까마귀 울음소리
내 얼룩
썩은 살점
뜯어먹는 딱따구리

두륜은
그렇게 썩은 살점을 도려내고
새 살을 채우며 봄을 기다린다.

🌿 하나를 잃고

빈 배낭

산을 오르면서 웬 지갑이 필요한가.
한 푼 없는 빈 주머니

잠시나마 내 청을 귀 기울여주고
날 놓아주지 않는가.

저 귀퉁이 텅 빈 작은 암자
문밖 잠시 기대어주고
머물다 보면
내 속 창아리
허(虛) 해지지 않는가.

🦋 운주사에서

절굿대

하굣길

아파트 놀이터는 아이들 등하교 샛길이었다.
등에 메고 있는 책가방
오늘 선생님 말씀은
다 귀담지 못하였어도
등에 멘 책가방은
내 동무 소중함을 조금씩 배워 담는다.

아파트 정원에 떨어진 잣송이
스트로브 잣나무
잣의 진한 향은 그리 담고 있지 않으나
등하굣길 샛길에
내 동무 이름 석 자
먼 훗날 불려볼 수 있고
맡아볼 수도 있는 진한 향기다.

봉림 보건소

숨이 들락거리는 목구멍
통증이 덩달아 들락거린다.
서둘러 찾아간 시골 마을 보건소

날 먼저 알아보고 인사를 하는 선생님
난 기억도 못 하고 있는데 까맣게 잊고 있었는데

짜락짜락 비 내리는 금요일 약값 구백 원
먼저 알아봐 주는 비용치곤 너무 싼 약값이다.

'어제 내가 스친 자리 조금 전 지나온 자리
구백 원이 날 뒤 돌아보게끔 하는 하루였다'

바람이 쉬고 있는 의자

김장하는 날

헛간 지붕 아래 줄지어 있는 시래기
볏짚 몇 가닥에 줄줄이 엮여있는 시래기
축 늘어뜨려진 시래기
난 그 시래기였다.

어릴 적 투박하게 생긴 노란 사각 도시락
내 투정을 다 받아주지 않았던가.

이제야 고개를 끄덕인다.
김치 한 가닥에 담겨 있는 의미를 알았을 때
볏짚 몇 가닥에 맥없이 매달려 있는 그것은
시래기가 아니라 나였다는 것을

김치 몇 가닥이 날 오늘 울게 만든다.

토방 위 외로움

어디론가 떠나버린
수많은 감잎들
감나무 가지에서 떨어지지 못하고
꽁꽁 얼어가는 홍시

눈보라 휘감는 마루 아래
가지런히 놓여 있는
흰 고무신 한 켤레

마루 가장자리에
놓여 있는 지팡이 슬슬함이 쌓여가도
거뭇거뭇 흰 고무신 한 켤레
차가운 겨울바람을 신는다.

운주사

스틱 커피(회의)

내 머리통만큼이나 큰 박스 속 스틱 커피
낱개 포장에 들어있는 자잘한 알갱이들
얽히고설킨 생각들이 한 잔의 커피를 만든다.

자잘한 알갱이 하나같이 세어보지 않아도
똑같은 양과 원료의 알갱이란 것을
금세 짐작할 수 있건만
항상 마시는 커피 한 잔도
매번 혀끝 닿는 입맛은
왜 이리 다를까.

스틱 커피 한 잔도 제 입맛에 맞도록
조절할 수 없다는 것을
스틱 커피 한 잔도 제 입맛에 맞도록
저을 수 없다는 것을
다시금 작은 컵에 나를 담아 뜨거운 물을 붓는다.

화순 이양

시골교회의 크리스마스 풍경

엊그제 받은 사랑
엊그제 준 사랑만큼이나
폭삭폭삭한 겨울밤이다.

엊그제 받은 기쁨
엊그제 준 기쁨
폭삭폭삭한 겨울밤이다.

사랑이라도 내리려 하니!
내 예쁜 사랑이라도
폭삭폭삭 내리려 하니!

🦋 어미의 心情

삭정이(어미)

토막토막 거칠게 부러지는 삭정이
누군가를 위해 타닥타닥 소리를 내며 태워져 가는
가느다란 삭정이

활활 타오르는 아궁이 속 숯 검둥이 삭정이랍니다.

누군가를 데워주고
누군가의 배를 따뜻하게 채워 줄 수 있는
아궁이 속
그 삭정이라 합니다.

꿈틀거리는 살 끝
거칠고 빳빳한 삭정이가 되어
타닥타닥 부러져 가는 소리를 내며
태워져 가는 삭정이라 합니다.

뻘건 불 연신 뿜어 댈 수 있도록
토막토막 가느다랗게
부러져가는 삭정이가 되어
숨소리에 가벼이 떠도는 재가 되어갑니다.

당신이 내게 준 것은

멀리 재 너머 있는 것이 아니랍니다.
눈앞에 보이는 모든 것들을 사랑해줄 때
관심을 가져줄 때
비로소 나를 아껴주고 사랑해 주는 것이며
행복이 찾아오는 거라 합니다.

한 사람 한 사람 당신이 존재하기에
즐거워하고 좋아하고 때론 화를 내고
당신이 존재하기에 내 육감이 존재합니다.

넓은 홀 혼자 앉아 영화를 보고 있습니다.
넓은 홀 혼자 앉아
맛있는 음식을 먹고 있습니다.
당신이 존재하지 않는다면 내 오감 또한 존재하지 않습니다.

어두컴컴한 밤길
풀잎 위 이슬마저 없는 세상 홀로 걸어갑니다.
무엇이 두렵다 합니까.
밝은 태양 아래
혼자 걸어가는 것과 무엇이 다르겠습니까?

흙, 풀, 바람 내 곁에 있기에
당신이 준 그 소중함을 알기에
사랑하며 함께 사르렵니다.

상생

가을 하늘 아래

엊그제 써레질한 흙탕물 속 벼
아직도 흙탕물인데
늦장마 지나갔다 하여
나락 모가지 하나둘 가을 하늘 아래 피어오른다.

작년 가을 잘 익은 붉은 홍시
아직 내 기억 시렁 위에 있는데
다 녹지도 않았는데
나락 모가지 높아만 가는 가을 하늘 따라 피어오른다.

전깃줄에 앉아 있는 홀쭉한 참새
가을 하늘 아래 여물어가는 나락 모가지
멀찍이 쳐다보고

낮게 무리 지어 날고 있는 고추잠자리
참새 배를 불려야 나 살 수 있다고
빨간 꼬리 빨리 물들어가라 서둘러 날고 있다.

구경꾼

🦋 누리장나무

여름이 오면

목말라 하지 않는 맴맴 울음소리 지칠 줄 모르고
쉼 없이 울어대는 여름날
멀리 동구 밖 당산나무 짙게 깔린 그림자
신장로 찌들어 갈 쯤이면
맴맴 울음소리 잠시 목을 가다듬는다.

뙤약볕 아래 지칠 줄 모르고
흙먼지 날리던 여름날
멀리 동구 밖 당산나무 짙게 깔린 그림자
신장로 건너편 논둑에 갈 때쯤이면
여름날 소리 없이
밤하늘을 찾아 날아드는 박쥐 날개 위
지친 울음소리 잠을 부른다.

여태 놀아도 못 다 논 시간들
긴해도 짧기만 하던 여름날
꿈속 달빛 아래 다시금 뛰어가고 싶다.

별이 된 소원들

어둠 속 흩어지는 조각
그건 사랑이었다.
코끝을 타고 흐르는 콧물은
가느다란 별똥별이었다.

천리 끝 온전한 내 사랑
조각조각 작은 별똥별
가느다란 선을 긋고
수없이 많은 별들은
조각조각 선을 따라
긴 여정(旅程)에 오른다.

자잘한 별들
바람에 연이 되어주고
밤하늘에 반짝이는 별들
누군가의 소원을 들어준다.

산수유

우시장 가는 황소

오만 잡물 위 시든 연잎
곧게 뻗은 줄기는 썩어 꺾어져도
화려한 연꽃은 있지 않았는가.

네 허물을 다 뒤집어 가려주고
만개한 연꽃을
받들어 주지 않았던가.

연자방

길 건너 구 회관 모퉁이에
녹슬고 부서진 환풍기
신 회관에 밀려
희끗희끗 떨어져 나가는 콘크리트 조각들

그 옛날 화전놀이 때 쓰던 장구였던가.

힘주어 울어대던 황소 울음소리
하늘 높이 지나간 제트기 자국
푸름에 스며 사라지듯
끌려가는 황소 울음소리 멀어져간다.

🦋 흔적

산 행

저 산꼭대기 기다란 노루 모가지
히죽히죽 거리며 가파른 숨 내쉰다.

앞 산꼭대기 올라
히죽히죽 거리며 가파른 숨 내쉰다.

저 산꼭대기 붉은 해 히죽히죽 날 보고 따라 웃는다.

붉은 눈망울 해를 품고 거친 숨소리 산을 삼킨다.

저편 아른거리는 나뭇가지 날 찾겠지
앞 산꼭대기 거친 숨 몰아쉬면
완전한 날 볼 수 있겠지

노루(老淚) 흐느끼는 소리 골짜기 파고들기 전
나 다시 찾아갈 수 있겠지.

밤톨 사랑

사랑을 하면
잠이 오지 않는 병을 앓고
사랑을 하면
푼수데기 병을 앓는다.

사랑하고 보고파지면
목구멍이 바짝바짝 타들어 가는 갈증을 느끼며
온몸이 사막의 모래처럼 말라 부서진다.

사랑하는 마음이 닿아 있으면
가을날 낙엽이 떨어지고
사랑이 아파오면
겨울날 눈이 펑펑 내린다.

사랑 하 나
내 호주머니
토실토실 빛깔 고운
밤 톨 하 나

호주매화

그 후 백일

숨소리마저 내뱉지 못하고
작은 화면에 쓰인 글들
빗방울 젖어 흐릅니다.

힘껏 두드리는 창
생과 사를 지켜보면서
얼마나 두려웠을까?
얼마나 울부짖었을까?

땅을 치고 눈물 속 노란 우산 끝없는 빗줄기 타고 떨어집니다.

살아 돌아온 자의 눈물방울
돌아오지 못한 자의 슬픈 빗물

피지 못한 어린 꽃송이
"사랑해"
"미안해"
노란 우산 젖어만 갑니다.

노란 우산 끝
인연의 끈을 놓지 못하고
한없이 흘려만 내립니다.

 석잠풀

규칙

뒷모습

내 그림자 흩어진 자리
노오란 꽃나비 흩어져 날아가고
낮게 날은 물새 그림자 흩어진 자리
갈 잎 떠 강바람에 흩어져 날린다.

푸른 하늘 흩어진 자리
거슬려 올라가는 강바람에
흰 구름 흩어져 날리고

내 그림자 흩어진 자리
한결 가벼워진 억새꽃 흩어져 날린다.

강바람에 속내 게워 흩어진 자리
강물에 잠길 듯 날아가는 노오란 꽃나비
물결 따라 흩어져 날린다.

꽃잎 위에

가냘픈 꽃잎 한 장
부끄러워하는 꽃잎 한 장
어찌할 줄 모르고 붉힌 얼굴

가냘픈 꽃잎 한 장
수줍어하는 꽃잎 한 장
종일 움츠리고 부끄럽다 물들어간다.

내딛는 발걸음 구정물 속
가냘픈 꽃잎 한 장
수줍어하는 꽃잎 한 장
어여뻐 물들어온다.

가냘픈 꽃잎 한 장
수줍어하는 꽃잎 한 장
가련한 손
곱게 모은 손
구정물 속
어여뻐 수줍다 물들어온다.

 고운 손

자목련

봄의 소리

직박구리 한 쌍
개 옻 가지 밑 동백을 바라보며
화사한 봄꽃 위에 사랑을 피우고
햇살이 파고드는 둥지에
오월의 알을 품어보자 약속을 한다.

덥수룩한 내 수염은 해 먹은 억새 꽃대인가.
산마루 넘어가는 해를 누렇게 물들여도
오월의 알을 품어보자 약속을 한다.

긴 여름날의 둥지를 찾아가는 직박구리
봄을 노래하고
봄을 비벼 문질려 댄다.

사랑이란

사랑은 눈빛으로 하는 것이다.
사랑은 가슴을 두드리는 것이다.
가슴 속
사랑은 동이 나지 않는다.
가슴 속
사랑은 채우려 애를 쓰지 않는다.

사랑은 서리 내린 개울물
끊어져 가는 내 손끝이다.

한 방울

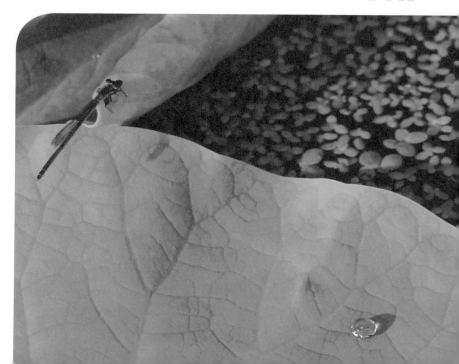

염전노예

이젠 더 이상 굴려갈 기력이 없다.
땡볕이 날 찍어대도
이젠 더 이상 갈 곳이 없다.

땡볕 아래 자빠진 손수레들
그늘로 가는 길이 코앞인데
더 이상 굴려갈 힘이 없다 한다.

오돌토돌한 판자 길
두 손 힘주어 조심히 굴려온 외발 손수레
녹 덩어리
외 발 손수레

두 손바닥
녹 덩어리
두 발바닥
오돌토돌한 녹 덩어리

해지는 이양역

감감
이양 땅
송아지 울음소리
청풍 어미 소 젖 내음 달려간다.

감감
찔레 순
감감 사라진 자리

저 하늘 닿아 있는 붉은 태양은
넓은 이양 들녘을 사납게 쓸어대고
붉게 물들어 가는 기차 소리
희미한 이양역
감감
멀어져간다.

🍂 게요등

미술 시간

버찌야, 버찌야
내 혀끝 물들어다오.

버찌야, 버찌야
내 혀끝 물들어오면
커다란 벚나무 아래 옛 동무 찾아온다고 약속하였단다.

버찌야, 버찌야
내 혀끝 물들어오면
커다란 벚나무 아래 옛 선생님 찾아오신다.
약속하였단다.

버찌야
버찌야 빨간 버찌야
어서어서 물들어가렴

버찌야
버찌야
검붉은 버찌야
어서어서 불려 오렴

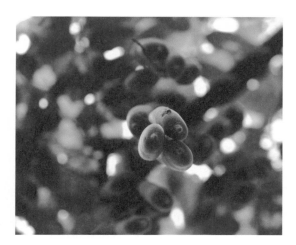

커다란 벚나무 아래
어서어서 불려 오렴

내 혀끝 물들어 오면
나풀거리는 벚 잎 새
눈부신 무지개 색칠해 준다고 약속하였단다.

송광사 가는 길

머물고 싶은 시간

저 산 울리는 메아리 소리
귀 먼 사람이다.
저 들녘 들꽃 바람에 휘어짐을
눈 먼 사람이다.

먼 산
진달래 선 분홍 피어나도
벚잎 따라 떨어지는 봄비
시간의 흐름도
잠시 땅에 떨어져 머물다 간다.

머물고 싶은 시간은 나를 지울 수 있는 만능지우개

일기장

하얀 꽃잎 흐름의 시간을 간직한 빛바랜 꽃 한 송이
하얀 꽃잎 한 잎 두 잎 시간의 흐름을 보여주듯
노란 은행잎 물들어 간다.

하얀 꽃잎 한 잎 시간을 물 들리고
어여쁜 꽃잎 한 잎 이슬에 적셔
찢겨 사라진 꽃잎 한 장

노란 꽃잎 되어 흩어져 날리는 내 일기다.

한 해 두 해 거듭 짙게 물들어 가는 흔적들
다시 찾아 돌아오는 꽃잎처럼
빛바랜 일기장
햇노란 얼굴 새긴다.

설도항

어부의 자식 사랑

차가운 갯바람에 아버지의 손은
가늘고 긴 그물코에
자식 사랑을 주렁주렁 매달고 싶었다.

가느다란 그물엔 전어가 아닌
자식 사랑이 주렁주렁 매달려 있기를 바랐다.

간물에 둔해져 가는 손길 이어도
어부의 손놀림은 빈 그물에 새벽을 잡아 올린다.

어부의 자식 사랑만큼이나
커다란 그물에 전어가
주렁주렁 매달려 몸부림치는 것이다.

오 월

오월의 아픔은
아비 잃은 저 어린 쇠백로 한 마리였음을

오월의 아픔은
까르르~ 까르르~
어미 잃은 저 어린 쇠백로 울음소리였음을

물 위에 비추어지는 하얀 날갯죽지에
지난 오월의 아픔을 딛고 일어선
어린 쇠백로는 다시 날고 있다.

쇠백로

닻

밤새 시꺼먼 쇠사슬은
네 편히 잠들 수 있게
두려움이 깊숙하게 파고드는 벌 속에서 녹이 슬어간다.
끝없는 수평선만 바라보고
긴 항해를 마친 널 잠재운다.

소름이 돋는 네 화냄을
두 조각으로 달랠 수 있는 것은
배 안에 선장이 있어 가능하고
한 발짝 떨어진 부두에 불빛을 바라보며
선장이 쉴 수 있는 것은
벌에 박혀 녹이 슬어가는 닻을 믿기 때문이다.

닻은 벌 속에서 희생을 한다.
험난한 항로를 무사히 마치고
다음 항차를 위해 편히 잠들 수 있도록
닻은 벌 속에 박혀 그들을 편히 잠재운다.

독립

죄와 벌

고 통

누군가가 내 머리에
둔탁한 정을 대고 마구 망치질을 한다.
발뒤꿈치가 땅에 닿으면
온몸은 소스라치게 아파온다.

목이 타들어 간다.
구름 한 점 없는 하늘 아래
뜨겁게 달궈진 모래사막 위에
다 찢어진 신발을 신고 걸어간다.

속이 울렁거린다.
물놀이장에 있는 워터 슬라이드
그 높은 곳에서 순번을 기다린다.

그렇게 물 한 머금은
재빠르게 스릴을 느끼며
고래고래 고함을 지른다.

나 죄(罪) 하였다고
어제 그리고 그제
오늘은 나 벌(罰)을 받는다.

끝 물

끝물입니다.
왜 이렇게 생겼어요.
끝물입니다.

끝물이라 보잘 것은 없으나
끝물이라도
겉은 못 났어도
속은 단단하고 노릇노릇 드려다 보면 볼수록
따라 하지 못할 그 무언가가 가득 담겨있는
끝물입니다.

겉은 검게 타 버리고 보잘 것은 없다 말씀하셔도
지금껏 아무렇지 않게 잘 견디어 낸
끝물이라 합니다.

몸이 쇠약해 움직이는 것조차도
힘들어하고 두려워하는
끝물이라도
삶의 깊이를 잴 수 없는
끝물이랍니다.

두고두고 오래도록
곁에 간직하고 싶은 내 끝물이랍니다.

청미래

가을여행

검은 드레스 끝자락에
가을을 남몰래 슬그머니 숨겨두었습니다.
벌써 가을이 피었다고
가을이 찾아왔다고
긴 드레스 끝자락에
당신만이 찾아볼 수 있도록
가을을 살짝 무쳐두었습니다.

진한 꽃 향유 꽃핀을 꼽고
파르르, 파르르
가늘게 떨려오는 두 날개 끝에
설렘을 슬쩍 적셔
가을을 유혹합니다.

긴 드레스 끝자락에
네 살갗 비쳐오고
가을이 숨어있어
들꽃의 향이(香餌) 피어납니다.

당신은 절개(節槪)를 한 몸에 품고
살아온 여인처럼
검은 드레스 끝자락에
가을을 남몰래 슬그머니 숨겨두었습니다.

제비나비

참취꽃

여 행

삶의 흔적을 찾아 떠나는 바람이여
널 따라가면 뒤돌아보지 말고
모른 척 앞서 가다오.
나 힘들어 지쳐 하며 자빠지는 날
모른 척 앞서 가다오.

삶의 흔적을 찾아 떠나는 바람이여
나 뒤따르고
너 앞서 가다오.

내 발 등 위 뿌연 흙먼지 쌓여가고
실 낙엽 찌꺼기 낯바닥에 얻어 있어도
나 뒤따르고
너 앞서 가다오.

흙아
풀아
바람아
나무야
네 이름 부르면서 나 뒤따르고
너 앞서 가다오.

멈추지 않는 여정
잠시 머물다 떠나가는
널 따라 떠나가고 있네.

떠나버린 사람들

작은 텃밭 떠나버린 손끝은
영영 찾아올 줄 모르고

오래전 아주 오래전부터 찾아올 수가 없기에
온다는 말 한마디 전 하지 못하였었나 봅니다.

풀숲에 조그마한 얼굴 부추꽃이
하얀 양산을 높이 추켜세우고
그늘에 그 누구라도 찾아오라 꽃을 피운다.

오랜 시간 묻혀버린 흙 위
칭칭 휘어 감고 피어난 강낭콩 한 폭
저 도랑 건너 들려오는 부지깽이 지팡이 소리
강낭콩 한 폭은 그렇게
버려진 것이 아니란 것을….

부추 한 폭
강낭콩 한 폭
그렇게 부추는 잃어버린 시간들을
꽃으로 피워갑니다.

그렇게 강낭콩 한 폭은
묻혀버린 흙을 되찾아 꽃을 피워
누군가 다시금
가꾸어주길 바라고 있습니다.

🌿 부추꽃

빈 그물

밀려옵니다.
밀려옵니다.
커다랗고 촘촘한 그물을 넓게 치고
밀려오는 물고기 그물로 잡아보려 합니다.
다 잡아먹어 버리려 합니다.

밀려옵니다.
밀려옵니다.
허공에 바람이 날 향해 밀려옵니다.
커다랗고 촘촘한 그물을 넓게 치고
밀려오는 바람 그물로 잡아보려 합니다.

바람은 날 보고 미쳤다 속삭입니다.
내 몸 또한 그물임을
바람은 소리 내 웃고 지나가 버립니다.
넌 미치광이라고
스친 바람이 내는 소리는 촘촘한 내 탐욕일수록
더욱 소리가 크다는 것을

흠뻑 적신 그물
바짝 마른 그물
내 헛된 탐욕의 그물이란 것을

뭐라도 잡았는가

시 계

겨울 창에 뿌옇게 서려 있는 성애 위
조심스럽게 모아 본 다섯 손가락
하얀 성애 위
내 더러움이 묻어날까
행여 깨지지 않을까

다 커버려 보잘것없는 다섯 손가락
애써 다독다독 모아보지만
참아 성에 낀 창에 찍지 못하고
내 손 닿지 않는 하늘에
엉성하게 모아 본 다섯 손가락

두려움에 두 눈 꼭 감고
똠방똠방
내 못남을 찍어봅니다.

하얀 개발모양 구름이 감은 눈 떠보라
날 보고 빙긋 웃어주고 사라집니다.

똠방똠방
하하하
멍멍멍

🍃 노린재사랑

삶의 길 1

매사 내 입맛에 맞출 수는 없는 일
그때 그때마다 어울려 가는 거지
내 배운 책에 공식은 없으니
모두 가 다 똑같은 생각을 하면서 길을
걸어갈 수는 없는 것이지.

공장에 설치되어 있는
프레스 속에서 쿵쿵 요란한 소리를 내며
같은 크기와 모양으로
찍혀 나오지 않는다는 것이
참 다행이고 재미있지 않은가.

궁궁이

사상자

삶의 길 2

떨어지는 빗방울
창에 흘러내리는 모습이 제각각
수없이 많은 빗방울 흘러내려도

먼저 흘러버린 자국 따라
흘러가는 빗방울은 드물게 보이고
창을 타고 흘려 내리는 빗방울들은
멈칫멈칫 고심하다 빈틈을 찾아 흘러내린다.

제각각 나만의 빗방울이 되어
삐틀삐틀 빈틈을 찾아
먼 길 마다하지 않고 흘러내린다.

삶의 길 3

사는 게 별거냐
나
자고 일어나
새벽을 볼 수 있으면 그만이지

사는 게 별거냐
나
그대들 곁에 머물러
함께 웃어주고
울어주면서
그렇게 사는 거지

사는 게 별거냐
나
그대들과
새벽을 걸어주고
낮을 뛰어주며
밤을 기다리면 되지

사는 게 별거냐
함께 그렇게 모닥거려 사는 거지

창문 틈에 비친 여행

작은 창에 들러붙어 있는 흙먼지
시간의 흐름을 먹고
바람에 숨을 내쉬며
씨앗 하나는 싹이 트이고
꿈틀거리며 잎이 나온다.

나지막한 창문 틈
흙먼지 속 씨앗 하나는
매일 매일 날 데리고 여행을 떠난다.

꿀풀

 큰까치수염

가을 산행

쪼물덕, 쪼물덕
바람에 버무리고 주물럭 대는 소리
누렇게 잘 익어가는 억새 줄기
맛난 가을을 짙게 묻혀
혀끝 입맛을 다신다.

마른 억새 잎 새로
스며오는 바람 소리
옹기종기 모여 앉은 가을을
쪼물덕, 쪼물덕 버무려본다.

먼 산봉우리 엷은 구름은
네 속살 푸름이 가시는 것을
아쉽다.
부끄러워 수줍다.
바람에 가리워 아른거린다.

늦잠

산 아래 모여 있는 지붕들
뿌연 연기는 엷은 구름을 만들고
아직 설익은 쌀밥은 뜸을 들이고 있다.

어서 일어나 세수하라고
마당 모퉁이 샘가 세숫대야에
엷은 구름이 떠오른다.

설 잠 속에 눈을 비비며
웅크리고 앉아있는 모습이
희미한 구름에 가린다.
엷은 구름에 가린다.

밤하늘에 떠 있어야 할 하현달은
샛때가 되어가도 엷은 구름 속
내 얼굴 비치듯 떠 있다.

 시간이 준 선물

아미산 시리봉을 훌쩍 뛰어넘어
핑징이 들녘에 떠 있는 해가 있어도
희미하게 비추는 달은
세숫대야 속 내 얼굴이구나.

서암산 너머 갈 길 먼 내 달이구나.

🌿 영광 염산

일어라 게 일어라 게

바윗덩이에 짓눌리고
모래알에 깎이고
이개지는 고달픔이 있어도
잠시 불어오는 바람에 뒤섞인 흙내음을
진한 흙내음을 맡고 살아가는 거야.

그렇게 흙내음 맡으며 걸어보라고

발끝에 그려진 그림자
자빠질 듯
쓰러질 듯
두 팔에 늘어진 그림자

수평선 너머에서 불어오는 바람에
거칠게 출렁거리는
저 바다처럼
살아가는 거야.

그렇게 출렁거리며 바다를 들여다보라고

볕을 찾아가는 노인

가늘게 비쳐 오는 실빛에 눈부셔 오고
간신히 목을 축여주는 이슬에
살아 있음을 느낀다.

옹벽 작은 구멍에
뿌리를 내리고 한 바퀴를 돌아왔음을….
길게 늘어져도
짧게 끊어져도
한 바퀴 자국을 남긴다.

옹벽 작은 구멍에
삶을 매단 풀 한 폭
볕을 찾아가는 노인이구나.

길게 늘어트린 풀 한 폭
엉켜 부대끼며 살아가는 풀 한 폭
다시 한 번 바람에 흔들리고 싶다 한다.

길게 늘어트려도
짧게 끊어져도
한 바퀴 자국을 남긴다.

모진 강풍에 잎을 매달고
힘들었음을….

옹벽에 매달린 풀 한 폭
바람이 불어주면 가느다란 쉰 숨소리
볕을 찾아가는 노인이구나.

하 객(賀客)

가을 숲 속 초대를 받고 갑니다.
가을 숲은 화려한 예식장이다.
굴참나무 잎이 바람에 떨어진다.
가을 숲은 화려한 예식장이다.
오늘은 하객으로 초대를 받고 갑니다.

가을 숲은 화려한 예식장이다.
하늘에선 가을비에 부드러움을 머금고
한없이 쏟아지는 축복이 차곡차곡 쌓인다.

숲이 날려준 청첩장을 받고
숲 속 예식장에 하객으로 갑니다.
가을 숲은 온통 화려한 예식장이다.

가을 숲은 날 초대합니다.
벗이기에
놓아버린 내 사랑이기에
기뻐해 줘야지
축복해줘야지

가을 숲 속
긴 예식을 마치고
바람에 나뒹굴어 떠밀려온
낙엽 한 장 품에 안아봅니다.

잃어버린 내 벗이기에
놓아버린 내 사랑이기에

❧ 빛과 그림자

주인 없는 열쇠

숲 속 외길 따라
세월은 절여가고
배곯는 소리
잡티 없는 카세트테이프에서
들려오는 가사처럼 선명하게 들린다.

숲 속 외길 따라
잃어버린 열쇠뭉치
시간의 겹이 두터이 쌓이고
바람에 흔들거려도
다시 찾아와 줄 주인을 기다리고 있지 않은가.

숲 속 외길 따라
걸어둔 열쇠뭉치
배고파 힘들어하는 이
원하는 곳간 열어 배곯지 말라
힘들어하지 말라

열쇠뭉치는 내 것이 아닌 양
놓아주고 떠나버렸다.

미련은 걸어두지 않음에
편히 떠날 수 있었을까

이젠 열쇠뭉치에 주인은 없다 하고
숲 속 외길에
시간의 겹이 쓰려가도
내 것은 어느 한 곳 걸어둔 것이 없다 한다.

미황사

산 새 울음소리
물소리
구름이 쉬어가는 소리
내 귀를 마구 파헤치는 소리

어둑어둑 큰 법당에 불을 밝히고
들을 수 없었던 소리
무거운 목탁소리는
미처 깨어나지 못한 나를 위해
사정없이 두들겨 팬다.

달마산 자락 아래 소리가 날 멍들게 한다.

지금껏 귀지로 가득 막혀 있던 내 귓구멍은
마구 파헤쳐지고
긁어내어 지는 소리를 들을 수 있었다.

높다란 달마산 바위 꽁지에
걸터앉아 있는 구름의 소리가 들린다.
부슬부슬 내리던 비는
바위를 적시고 돌 틈새 스며드는 소리에
긴 가뭄 잘 참고 견디어준 버섯들이
일제히 피어오르는 소리가 들린다.

작은 개울에 물 흘려가는 소리가 들려올 때
비로소 개울이라 불리지 않는가.

항상 가던 길이라도

오늘 하루 무엇을 보았습니까?
오늘 하루 밥벌이 그딴 거 말고
좀 색다른 무언가를 보고 느꼈나요?
일에 치이고 찌들어 있는 날에
힘겨워 지쳐 하는 날에
잠시라도 지금 이 순간 나를 토해버리세요.

오늘 하루 무엇을 보았습니까?
오늘 하루 잠시나마 날 찾으셨습니까?

등굣길
그리고 아침 출근길
바삐 움직이는 것도 가슴 조이며
무엇이 그리도 급한지 씽씽 소리를 내며 굴러가는 타이어에
소리 없이 흘려가는 시간을 두려워하며
종일 쫓김을 좁혀갔습니까?

오늘 하루 무엇을 보았습니까?
오늘 하루 마음의 평온은 찾으셨습니까?

오늘 하루 색다른 무언가를 보고 느꼈으면
내일은 꼭 얘기를 해 주셨으면 합니다.

항상 가던 길이라도
내일은 또 다른 내일이란 것을
내일은 꼭 그 다름을 얘기할 수 있는
친구 하나 정도는 사귀어 보았으면 합니다.

🦋 논둑길

추운 날에

당신이 그립습니다.
아궁이 속 불쏘시개처럼
타들어 가던 당신이 그립습니다.
검게 그을린 무쇠 솥뚜껑에 하얀 거품이 톡톡 소리를 내며
밥이 되어가던 그 소리가 그립습니다.

눈이 펑펑 내리는 날
뻘건 얼굴 두 손에 묻고
방안에 들어오면
동그란 화로 옆 앉아 계시는 당신이 그립습니다.

🦋 금계국

당신 옆에 뉘 웃고 있는 날 보고
따라 웃던 당신이 그립습니다.

아랫목 두터운 명 솜 둘러 쓰고
새끼줄로 꽁꽁 동여 매여 있는
그 모습이 그립습니다.
시금털털한 냄새가
그렇게 맛난 청국장이 될 줄

추운 날엔 마냥 그립기만 합니다.

이렇게 눈이 펑펑 내리는 날
장독 항아리 얼음 속 신건지가 그립습니다.

당신의 손길 하나하나
모든 게 그립기만 합니다.

추운 날엔 더욱 그리워집니다.

무싯날 씨앗 가게

겨울비 내리는 무싯날
오는 장날을 기다리며 종이배를 만들어요.
때 묻은 삼베조각 칭칭 감겨있는 가위
싹둑싹둑 잘라 만들어요.
묻은 신문지
예쁘게 곱게 반듯하게 접어
종이배를 만들어요.

겨울비 내리는 무싯날
힘없이 접히는 돋보기 코끝에 달아매고
싹둑싹둑 잘라 만들어요.

종이배에 가득 실린
상추 씨앗
쑥갓 씨앗
무 씨앗

눈 녹은 이른 봄
텃밭에 배를 띄워요.
예쁘게 곱게

반듯하게 종이배를 만들어
봄 나비가 팔랑거려 작은 텃밭 파도를 그려주면
종이배 하나를 띄워 봐요.

팽이

사랑이란

무더운 여름날
비릿한 콩물에 설탕 대신
소금을 넣었을 때
비로소
고소하고 진한 맛을 느끼지 않는가.

내 사랑에
설탕이 아닌 소금이 녹아 들어갔을 때
비로소
사랑은 고소하고 달달해지지 않는가.

내 사랑에
간물이 배어 나올 때
비로소
사랑은 오래오래 간직할 수 있는 것이다.

내 사랑 간물에
살갗을 핥기고 쓰려 와도
하나도 아프지 않고
시려오지도 않는다.

그리움

더 계시다 오세요.
그래야 보고프고 그리워하죠.
더 계시다 오세요.
그래야 기다림 속 설렘과 눈물을 흘리죠.

더 계시다 더 계시다 오세요.
그래야 사는 동안
당신을 잊지 않고 살 수가 있을 것 같아요.

더 오래오래 계시다 오세요.
그리움 속 숨어 있는 누군가가
그 사람이었다는 것을 깨달으며
살아갈 수 있도록

더 오래오래 더 계시다 오세요.
저 언덕 너머에 살고 있습니다.
언덕 위에 그리움이 쌓여 가면
바람이 불어주고 들풀이 소리를 내어주며
잘 있다 얘기를 전해주잖아요.

언덕 너머에 살고 있다고
더 오래오래 더 계시다 오세요.

그래야 당신이 미워지죠.

🦋 꽃 배

연인들(빛 축제)

무지개 꽃이 솟구쳐 피어있습니다.
검게 출렁거리는 파도 위에도
모래 위 다정히 걸었던 흔적
한 쌍의 발자국에도
무지개 꽃이 솟구쳐 피어 있습니다.

반짝이는 빛은
땅 위에 솟구친 눈이었습니다.
바닷가 모래 알갱이에 비치는 빛은
땅 위에 피어난 사랑이었습니다.
회천 앞바다에서 불어오는
밤바람에 연인들은
그렇게 꽃을 피워갑니다.

무지개 꽃 그것은
땅에 피어난 사랑이었습니다.
발에 밟힌 꽃은
꺾이지 않고 발등에 영원히 피어오르는
사랑의 꽃이었습니다.

하늘에서 내린 눈은
내 목덜미를 얼게 하나
회천 모래밭에 솟구치는 눈은
연인들을 더욱 뜨겁게 달구는
사랑의 무지개 눈이었습니다.

 대흥사에서

물리치료사 1

시방 급하다 하시며
쪼게 먼저 해 달라 애원하시는 할머니
매번 오시는 할머니
매번 같은 변명
매번 아파 죽겠다 하시는 환자분께
할머니, 엄마, 그리고 아버님
연달아 불려가며
아파하는 어르신 다독다독 달랜다.

순번대로 해야 하니
조금만 참아 달라 애원하는 물리치료사

등허리 여기가 쑤셔
마을회관 마실도 못 가신다고
오래전 세상 떠난 할아버지 원망소리
다 들어주는 시골 의원 물리치료사

저기 저 머시기 의원을 갔도만
아파서 온 늙은이들이
하도 득실득실 거려 이곳에 왔는데
시방 나 겁나게 아프다.
시방 나 겁나게 바쁘다.
애원을 하신다.
빨리 해달라 세 시 반 차 놓치겠다.
통사정을 하신다.

소리쳐 애원을 해도
엄마 나도 바쁘다.
순번대로 하시자 도리어 통 사정을 하는
시골 의원 물리치료사는
오늘도 웃음을 잃지 않는다.

물리치료사 2

잘 주물러 주는
그 간호사 양반이 시방은 없다고
다른 병원으로 갔다고 퉁명스런 소리 내뱉어본다.
돈을 쪼게 준 게 가분 거 아닌가.
다른 사람은 션찮아서 주물러도
하나도 안 시원하다
쑤셔대는 몸뚱이 원망소리 쏟아 붓는다.

가가
참 잘 했는디야.
가 손이 주물러주면
온 삭신이 다 시원하고 좋았다 하면서
아쉬움이 섞인 얘기를 하신다.

여기 삐다구가 뿌사진 건지
아파서 눈물이 난다고
늙음을 원망하면서도
육 남매 자식 자랑엔 돋보기안경 너머에
자글자글 주름 새 웃음 가득 내려앉는다.

늙은 몸뚱이
아파 걸을 수 없어도 자식 생각하면
그 아픔이 덜 하는 게
우리 어머니이었다는 것을
시골 의원 물리치료사는
애환 속 늙으신 어머니의 육 남매
잠시 막내딸이 되어주자 한다.

탱자

🦋 들어오세요

겨울 공사

겨울 태풍이 분다.
가을에 떨어진 작은 낙엽 한 잎은
어젯밤 과음한 술주정뱅이다.
어제 마신 술 덜 깬 듯
갈피를 못 잡고 흐느적흐느적
날고 있는 참새 한 마리다.

아까워 버리지 못한 포대 한 장
밭둑 풀숲에 감춰 놓은 흙 묻은 비닐포대 한 장
학이 되어 하늘을 날고 있다.

겨울 태풍이 분다.
내 코끝은
온기가 가득한 비닐하우스에서 익어가지 못하고
꽁꽁 얼어버린 땅 위에서
차가운 겨울바람에 얼어 익어가는 딸기다.

설 빔

고향 찾아가는 길
긴 시간이 걸리는 것은
모두에게 나눠주는 설빔이었습니다.

잊고 묻혀버리고
다하지 못한 나날들
한 번쯤 찾아 다가설 수 있도록
공평히 나눠주는 기회였습니다.

한나절이면
족히 갈 수 있는 길이었던 것도
이날만큼은
한나절 또 한나절이 넘어가도 갈 수 없는 길이었습니다.
그만큼 다하지 못한 내 못남을
떠올릴 수 있는 시간을 주는가 봅니다.

고향 가는 길
긴 시간 동안 못다 한 내 못남을
애써라.
지워라.

🌺 배롱나무 꽃

애써 만들어준 시간들이었습니다.

여태 시간에 쫓겨
다 하지 못하였던 것들 풀어헤칠 수 있게
기회를 만들어 주는 설빔이었습니다.

고향 가는 길
오래오래 걸리는 시간이
고마울 따름입니다.

못다 한
내 못남이 그리도 많은지

고향 찾아가는 길
긴 시간은
누구에게 나 공평하게 나눠준 설빔이었습니다.

우리 잊고 살아요

매월 받아 보는 월급 명세서
이번 세금이 얼마나 빠졌을까?
우리 잊고 살아요.

통장 잔고가 유독 크게 보이는
미운 동그라미 찍혀 있어도
우리 잊고 살아요.

꽁꽁 얼어버린 들녘
움츠리고 봄을 기다리는 냉이처럼
우리 잊고 살아요.
하얀 눈이 녹아버린 자리
작은 꽃 하나 피어나잖아요.

우리 잊고 살아요.

내 무릎에 새겨진 깊은 상처 자국
우리 잊고 살아요.
돌부리에 자빠져
피가 흘러내려도

우리 잊고 살아요.

딱지가 앉아 잊혀가듯
우 리 잊 고 살 아 요.

낚싯바늘에 걸린 고통

비자나무(천태산)

천태산(비자나무)

잃지 않고 옹이 속 푸름을
당당히 간직하고 살아왔던가.
비바람에 맥없이 휘어지는 우산살처럼
제멋대로 자라 있어도
긴 세월 살아왔음을….

천태산
비자여
작은 사찰 품에 안겨있어도
고즈넉한 삶을 살아온
나날들이 아니었음을
왜 모르겠는가.

강풍에 힘없이 찢어지는
우산이란 것을 알았기에
비탈진 언덕 산에 모든 것을 맡겨두고
산죽 잎 팔랑거려 들려오는
개천사(開天寺) 인기척 소리에
네 아픔 달래고 씻겨
깊은 상처 자국
옹이에 담아 삭혀 잎이 나오는구나.

밤에 피어난 벚꽃

모닥거린 그대 입술
부끄러워 어둠에 입술을 묻고
가로등 불빛을 핑계 삼아 연분홍 립스틱을 발라요.

어둠 속 틈을 타고
밤새 가느다란 안개비가 내리면 벚꽃은 연분홍 립스틱을 발라요.

겨울밤 잠들기 전
하얀 눈을 기다리는 어린 소년의 마음을 모른 채
밤하늘 별들은 빛을 뿜어대다가도
아침에 눈을 뜨면
마당 대빗자루 쓸어대는 소리를 들을 수 있잖아요.

어제 그리고 오늘
아무리 바라보아도
벚꽃은 야무지게 모닥거린 연분홍 입술

나 자고 깨어나면
밤하늘 별빛에 기대어
벚꽃은
그 겨울날 어린 소년이 기다렸던 눈처럼
연분홍 립스틱을 바르고 활짝 피어나잖아요.

🍂 구례 섬진강 길

복사꽃

복사꽃

먹잘 것 없는 개복숭
꽃을 보고 아지랑이가 되어
그대 곁에 흠뻑 피어납니다.

벌레는 열매를 보고
개떼같이 득실거렸을까요.

먹잘 것 없는 개복숭에
달콤함이 묻어 있었을까요.

먹잘 것 없는 개복숭 꽃에
나는 홀라당 반하여
흘벗고 사지(四肢)에 꽃을 피운다.

친 구

오래도록 피어있기를 바라는 꽃이랍니다.
때론 진내 나게 미운 꽃이기도 합니다.
문득 잠에서 깨어나면
눈물이 주르륵 흐르도록 보고픈 꽃이랍니다.

사라졌다 뜬금없이
내 가슴속 무둑히 피어나기도 하는
꽃이랍니다.
내 곁에 피어나 종일토록 바람에
놀다 오는 꽃이랍니다.

따라쟁이 꽃이기도 합니다.

오래도록 피어 있을 것 같아도
잠시 한눈을 팔면
흔적 없이 떠나가는 꽃이랍니다.

잊고
또 잊을 만하면
다시 찾아 피어나는 꽃이랍니다.

그렇게 피어나는
그 꽃은
친구라 불리는 꽃이랍니다.

✿ 할미꽃

소 음

내 앉아 있는 자리 참 시끄럽습니다.
내 앉아 있는 자리
누구도 방해하지 않아도 참 시끄럽습니다.

내 앉아 있는 자리
텔레비전 소리
냉장고 돌아가는 소리
너머에서 들려오는 자동차 소리도 들려오지 않는데
참 시끄럽습니다.

내 앉아 있는 자리에
오만 잡소리가 앉아 있습니다.
흙먼지 떠도는 소리도 들리지 않는데
참 시끄럽습니다.

내가 어수선한 것은
단지 내 주변이 어수선한 것이 아니며
내 몸에 녹아있는 어수선함이 있기에
조용한 곳을 찾아가도
항상 웅성웅성 오만 잡것들이 들려주는 소리

주변의 소리보다
몸에서 녹아 나오는 내 잡것들의 소리를
먼저 없애고 삭일 때
비로소 내가 찾는 그 자리에
잠시라도 편히 앉아 있을 수 있는 것이다.

🌿 절구

산 벚

제법 큰 새 한 마리가 버찌를 따 먹는다.
부리로 따서 발로 밟고
열매 속 씨앗을 먹고 버린다.

제법 큰놈이 지켜보다
새가 싼 똥만큼이나 작은 열매 하나를 따서
입안에 넣는다.
씨앗 하나를 뱉는다.

산벚이 온천지에 피어있다.
누가 피웠을까?
제법 큰놈은 불명 코 심지 않았다.
산벚을 심은 자는 그때 그 새가 아닐까?

제법 큰놈이 뱉어버린 씨앗은 저 산벚이 아니었다.
제법 큰 새가 싼 씨앗임이 틀림없다.

산벚이 꽃을 피우고 열매가 열린다.

제법 큰 새가 씨앗을 먹고
배를 채우고 살을 찌우고
배설물에 섞여 있는 씨앗은 그냥 씨앗이 아니라
다시 싹을 틔울 수 있는 생명이었다.
제법 큰놈이 뱉어버린 씨앗은
똑같은 씨앗이라도 다시 태어날 수 없는 썩은 씨앗이었다.

큰 새는 그놈보다 작지만 너무도 잘 알고 있었다.
열매에 들어있는 씨앗 하나는 또 다른 생명이란 것을
그리고 다시 돌려주는 방법까지도

밭매우 길

전에 와본 길이라면
그때 아마도 바람은
다시 와보고 싶었을 거야
그걸 이제야 이룬 거지

전에 왔던 기억조차 없거나
처음 걸어본 길이라면
아마도 훗날 다시 이 길을 걸어 보고 싶었을 거야

다시 찾아 걸어가고 싶은 길이라면
오늘 다 가져가지 말고
훗날 걸어볼 수 있도록
하나 정도는 빠트리고 걸어가고 싶네.

전에 본 듯한 얼굴이라면
그때 아마도 바람은
다시 보고 싶었을 거야
그걸 이제야 이룬 거지

전에 보았던 기억조차 없거나
처음 만난 얼굴이라면
아마도 훗날 다시 만나보고 싶었을 거야

다시 찾아볼 수 있도록
잊지 않도록
오늘은 꼼꼼하게 그대 얼굴 살피고
먼 훗날 다시 볼 때 잊지 않도록 새겨두고 싶네.

핑징이 들녘

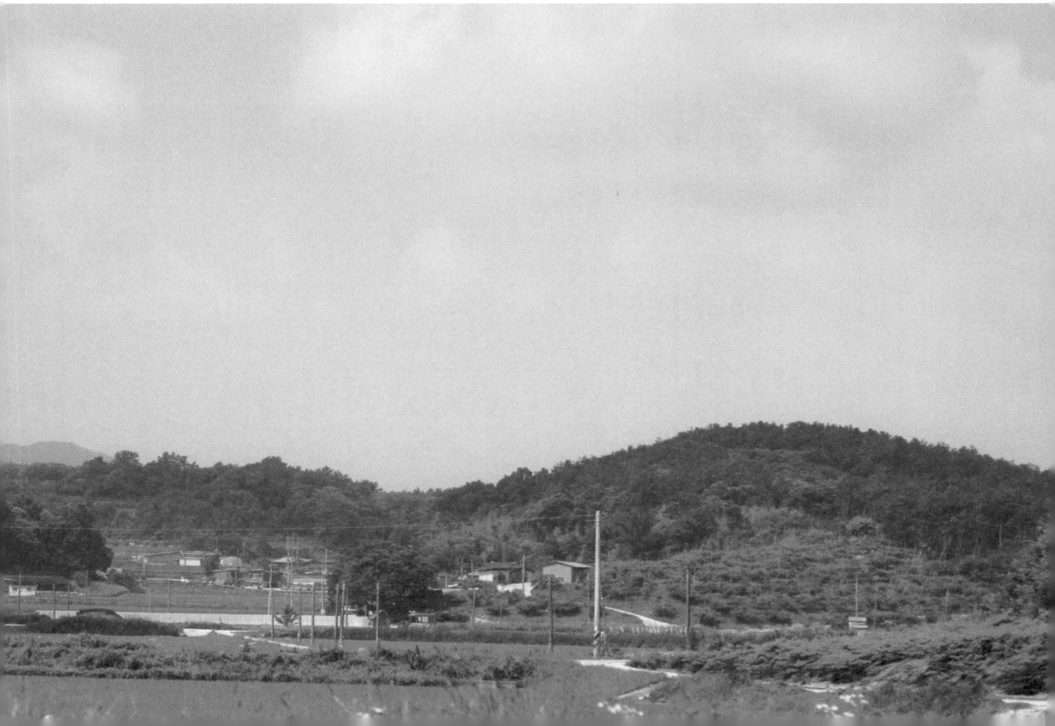

별이 된 소원들

펴 낸 날 2016년 8월 10일

지 은 이   김상근
펴 낸 이   최지숙
편집주간   이기성
편집팀장   이윤숙
기획편집   허나리, 윤일란
표지디자인 허나리
책임마케팅 하철민, 장일규
펴 낸 곳   도서출판 생각나눔
출판등록   제 2008-000008호
주   소   서울 마포구 동교로 18길 41, 한경빌딩 2층
전   화   02-325-5100
팩   스   02-325-5101
홈페이지   www.생각나눔.kr
이 메 일   bookmain@think-book.com

- 책값은 표지 뒷면에 표기되어 있습니다.
  ISBN 978-89-6489-620-4   03810

- 이 도서의 국립중앙도서관 출판 시 도서목록(CIP)은 서지정보유통지원시스템 홈페이지
  (http://seoji.nl.go.kr)와 국가자료공동목록시스템(http://www.nl.go.kr/kolisnet)에서
  이용하실 수 있습니다(CIP제어번호: CIP2016018440).